AF509405

PRÉCIS

DES ÉVÉNEMENS MÉMORABLES

Arrivés en France

depuis 1789 jusqu'en 1821 ;

OU

Abrégé chronologique des Batailles, Siéges et Combats livrés par les Armées françaises en Italie, en Allemagne, en Prusse, en Russie et en Pologne; auquel on a joint les différens Traités de Paix, et quantité d'autres Détails intéressans, jusqu'au premier mai 1821

Année 1789.

LE 5 mai, ouverture des états-généraux, à Versailles M. Necker y déclare que le déficit, dans les finances est de 54,929,540 livres au-dessous des recettes annuelles.

Le 1 juillet, des troupes se rassemblent à Paris, par ordre du Roi.

Le 14, prise de la Bastille.

Le 4 août, abolition de la dîme.

Le 2 novembre décret qui met tous les biens du clergé à la disposition de la nation.

1790. Le 12 février, suppression des ordres religieux, et abolition des vœux en France.

Le 8 mai, décret portant établissement de l'uniformité des poids et mesures, en France.

1791. Deux septembre, massacre affreux des prisonniers de Paris.

1792. Le 21 Janvier, mort de Louis XVI.

1792. Le 28 septembre, bombardement de Lille par les autrichiens.

Le 1 octobre, le Roi de Prusse entre en Champagne, à la tête de ses troupes.

Le 6 novembre, bataille de Jemmappes.

1793. Le 16 octobre, mort de Marie-Antoinette d'Autriche, Reine de France.

1794 Le 4 avril, l'armée des Alpes s'empare du mont Saint-Bernard.

1795. Le 9 juin, mort du fils de Louis XVI.

Le 28 juillet. Robespière et ses complices périssent sur l'échafaud.

Le 26, clôture de la convention.

Le 28, installation du Corps législatif.

1796. Le 14 avril, bataille de Millésimo.
Le 5 mai, prise de Tortonne.

Le 10, bataille gagnée par les français.

Le 3 août, bataille gagnée par les français, à Lonado.

Le 5, bataille de Castiglionne, gagnée par l'armée française.

Le 4 septembre, bataille de Roveredo gagnée sur les autrichiens, par l'armée française.

Le 2 octobre, victoire remportée par Moreau à Buchau.

Le 15, bataille d'Arcole, gagnée par l'armée française.

1797. Le 15 janvier, bataille de Rivoli ; gagnée par l'armée française.

Le 16, bataille de la Favorite, gagnée par l'armée française.

Le 16 août, l'armée d'Italie gagne la bataille de Saint Georges.

Le 17 octobre, traité de paix à Campo Formio.

1798 Le 20 mai, les anglais son défaits près d'Ostende par les français.

Le 2 juillet, prise d'Alexandrie.

Le 23, prise du Caire.

Le 2 août, combat naval d'Aboukir ; l'amiral Brueys est tué.

Le 8 octobre, les anglais incendient 40 bâtimens napolitains et génois, devant le port d'Alexandrie.

Le 13, l'empereur de Russie se déclare grand-maître de l'ordre de Malte.

1799. Le 21 janvier, prise de Naples, par les français.

Le 30, les piémontais votent leur réunion à la France.

Le 16 mars, prise de Civita - Vecchia par les français.

Le 8 avril, le général Junot gagne la bataille de Nazareth.

Le 18, victoire remportée par les français sur les mamelouks, au Mont Tabor.

Le 26, les français font le siège de S.-Jean d'Acre.

Le 25 juillet, les français gagnent la bataille d'Aboukir.

Le 13, Masséna défait le prince Charles.

Le 3, décembre, prise de Coni, par les français.

Le 10, abolition du directoire. Création du consulat.

Le 25, installation des consuls et du sénat conservateur.

1800. Le 1 janvier, installation du tribunal et du corps législatif.

Le 18, établissement d'un préfet pour chaque département.

Le 9 mai, bataille de Bibérac gagnée par le général Moreau.

Le 21, les français passent le mont St-Bernard.

Le 3 juin, Moreau gagne la bataille d'Iler, et fait 2000 autrichiens prisonniers.

Le 10 juin, mariage du duc d'Angoulême actuel avec la fille de Louis *XVI*, célébré à Mittau à 600 lieues de Paris.

Bataille de Montebello.

Le 14, les français gagnent la bataille de Marengo : le général Desaix est tué.

Le 19, bataille d'Hochsett, gagnée par le général Moreau.

Le 16 juillet, prise de Selkirch, Coire et tout le pays des Grisons, par l'armée du Rhin.

Le 7 août, combat de Thara en Egypte, le général Davoust a l'avantage.

Le 15 octobre, le général Dupon entre victorieux dans Florence.

Le 25, prise de Stayer, par Lecourbe.

1801. Le 25 Mars, mort de Paul 1ᵉʳ. Empereur de Russie.

1802 Le 26 avril, amnistie pour fait d'émigration.

1803. Le 3 juin, prise du hanovre par les français, et l'armée ennemie est faite prisonnière.

1804 Le 10 août, l'empereur d'Allemagne se fait déclarer empereur héréditaire d'Autriche.

Le 2 novembre, le souverain pontife Pie VII, part de Rome pour se rendre en France.

Le 28, arrivée de S. S. à Paris.

1805. Le 10 septembre, sénatus consulte qui rétablit en France le calendrier grégorien, au 1ᵉʳ janvier 1806.

5

Le 20 octobre, la garnison d'Ulm, au nombre de 33,000 hommes, défile devant les français, et dépose ses armes.

Le 13 novembre, l'armée d'Italie franchit le Tagliamento.

La grande armée entre à Vienne.

Le 16, l'armée française entre en Hongrie.

Le 17, victoire de l'armée d'Italie; prise des magasins d'Udine et de Palma Nova.

Le 18, la grande armée entre dans Brüm en Moravie.

Le 19, combat sur la route de Brum à Olmutz, entre la cavalerie française et la cavalerie russe; cette dernière est complettement défaite.

Le 2 décembre, journée d'Austerlitz.

1807 Le 9 février, bataille d'Eylau, gagnée par l'armée française.

Le 14 juin, victoire remportée à Friedland par les troupes de la grande armée.

Le 9 juillet, traité de paix, entre la France et la Russie, signée à Tilsit.

Le 30 septembre, arrivée de l'armée française à Lisbonne

1808. Le 13 mars, mort de Christian VII roi de Danemarck et de Norwège.

Le 17, création d'une université.

Le 24, le grand duc de Berg, à la tête d'une armée française entre dans Madrid.

Le 19 avril, le roi Charles IV abdique la couronne d'Espagne en faveur de son fils le prince des Asturies.

Le 23 mai, arrivée à Fontainebleau du Roi et de la reine d'Espagne et du prince de la paix.

1809. Le 20 mai, bataille d'Aspensberg; le maréchal duc de Montebello reçoit un coup de boulet dont il meurt peu de temps après.

6

Le 11 juillet, bataille de Wagram de Zuaïm, gagnée par les français.

Le 14 octobre, paix signée à Vienne entre la France et l'Autriche.

1810. Le 6 janvier, paix signée à Paris entre la France et la Suède.

Le 21 juillet, élection faite par les états de Suède, de J. Bernadotte, prince de Ponte-Corvo, comme prince-royal, et successeur au trône de Suède.

Le 9 novembre, arrivée à Paris des six premiers bateaux venant du canal de St-Quentin.

1812. Le 28 janvier, inondation des houillières de Beaujont, près de Liège.

Le 20 juin, arrivée du pape à Fontainebleau. déclaration de guerre entre l'Amérique et l'Angleterre.

Le 17 août, bataille et prise de Smolensko.

Le 7 septembre, bataille de la Moskeva, passage de la rivière; les russes ne se battant que pour leur retraite.

Le 14, entrée des français dans Moscow. Incendie général de cette ville, par ordre du commandant Rastopchin : les 9 dixièmes en sont brûlés.

Le 19 octobre, les français quittent Moscou, pour prendre des quartiers dans la ci-devant Pologne russe.

1813, Le 2 mai, bataille de Lutzen.

Le 29 mai, proposition d'armistice.

Le 30, les français aux ordres du général Vandamme, entrent à Hambourg.

Le 1 juin, entrée des français à Breslau, capitale de la Silésie.

Le 24 août, arrivée à Wurstbourg de LL. MM II. et RR. de Rusie, d'Autriche et de Prusse. Um traité d'alliance est conclu entr'eux.

Les 27 et 28, bataille devant Dresde.

Le général Moreau commandant les troupes alliées, est blessé à mort par une batterie française. Les empereurs de Russie, d'Autriche et le Roi de Prusse voient la bataille de Dresde d'une maison de campagne à la vue de cette ville.

Le 16 octobre, bataille de Léipsik.

Le 30, bataille de Haneau.

Le 7 novembre, l'armée française passe le Rhin.

Le 24 décembre, entrée des alliés en Suisse sur différens points.

1814. Le 28 janvier, l'armée du général Blucher est battue à Brienne.

Le 1 février, on met Paris en état de défense.

Le 4, arrivée des plénipotentiaires des alliés à Chatillon sur Seine.

Le 12, bataille de Vauchamp.

Le 14, la ville de Bordeaux se déclare pour Louis XVIII.

Le 20, arrivée de Monsieur, frère du Roi, à Nancy.

Le 31, entrée des alliés dans Paris, le général Saken en est nommé gouverneur.

Le 3 avril, sénatus consulte qui prononce que Napoléon Bonaparte est déchu du trône, et que le droit d'hérédité établi dans sa famille est aboli. —Abdication de Napoléon; il se retire à l'île d'Elbe avec six millions de revenu.

Le 12, entrée de Monsieur, frère du Roi, à Paris.

Le 20, le prince régent d'Angleterre va chercher Louis XVIII et Madame à Hartwel et les conduit à Londres, où ils sont reçus aux acclamations d'un peuple immense.

Le 23, ratification de l'armistice conclu à Paris par Monsieur avec les puissances alliées.

Le 24, S. M. LOUIS *XVIII* et Madame

débarquent à Calais, à une heure de l'après-midi, après une traversée très-heureuse.

Le 19, arrivée de S. M. Louis *XVIII* à Compiegne.

Le 2 mai, arivée de S. M. Louis *XVIII* à St-Ouen près Paris, il y est complimenté par les différens corps diplomatiques, civils et militaires.

Le 3, entrée dans Paris de S. M. Louis 18. S M est recue à la cathédrale par le clergé pour assister au Te-Deum, elle se rend de là au palais des Tuilleries.

Le 4, l'ex-empereur débarque à l'île d'Elbe, il arbore le drapeau blanc semé d'abeilles, uni aux armes de l'isle.

=Les souverains alliés font une visite à S. M. Louis *XVIII* au château des Tuilleries.

Le 10, retour à Paris des quatre commissaires qui ont conduit Bonaparte à l'île d'Elbe.

Le 14, on célèbre à Paris un service expiatoire en l'honneur du Roi Louis *XVI*, Marie-Antoinette, Reine, Louis *XVII* et S. A. R. Madame Elisabeth.

Le 16. on célèbre à Vincennes un service funèbre en l'honneur du duc d'Enghien.

Le 17, arrivée du duc d'Orléans à Paris.

Le 27, S. A. R. le duc d'Angoulême arrive à Paris.

Le 28, retour des prisonniers francais d'Angleterre dans les différens ports de France.

Les 29 et 30, les troupes alliées quittent Paris et ses environs pour retourner dans leur pays.

Le 4 août, arrivée du duc de Berry à Lille; il en part le 6.

Le 25, la fête de St.-Louis est célébrée avec enthousiasme.

Le 29, la ville de Paris, donne une fête brillante à S. M.

= Signature du traité de paix entre le Dane-marck et la Prusse, à Berlin·

Le 1 septembre, départ de Brest, d'une division navale, portant des troupes de garnison, des îles sous le vent, rendues au Roi, par le traité de paix.

Le 4, arrivée à Lyon de Monseigneur le duc d'Orléans, son épouse et sa fille.

Le 3, un service expiatoire est célébré en l'Eglise St.-Leu, pour le repos de l'âme de Mme. la duchesse de Lamballe.

Le 18, ordonnance du Roi, portant que cent jeunes gens seront extraits des prisons de Paris, élevés et observés dans une maison particulière.

Le 5 octobre, franchise du port de Marseille accordée par Louis 18.

Le 25, heureux accouchement de Mme. la duchesse d'Orléans, d'un prince qui est nommé duc de Nemours.

= Il est tenu sur les fonds par le Roi et Mme.

Le 4 novembre, loi qui restitue aux émigrés, les biens non vendus.

Le 13, une division navale part de Rochefort, pour aller prendre possession de l'île Bourbon, en exécution du traité de Paris.

Le 13 décembre, mort du prince de ligne, à Vienne, âgé de 79 ans.

Le 20, arrivée à Toulon, des corps des deux prin-cesses, Mesdames Adélaïde et Victoire de France.

Le 25, la paix entre l'Amérique et l'Angle-terre est signée à Gand.

1815. Le 11 janvier, le général Bertrand, arrive secrètement de l'île d'Elbe à Milan.

Le 15, des ordres du Roi sont donnés pour la recherche des corps de LL. MM. Louis 16, et de Marie-Antoinette, au cimetière de la Magdeleine, appartenant à M. Desclozeaux.

Le 17 ; Madame d'Angoulême va se prosterner aux pieds des tombes de ses père et mère.

Le 20, translation des corps de LL. MM. du cimetière de la Magdeleine à St -Denis.

Le 26 février, départ de Bonaparte de l'île d'Elbe.

Le 1 mars, il débarqua à Cannes.

Le 6, M. et Mme. la duchesse d'Angoulême quittent Bordeaux.

Le 12, arrivée du duc d'Orléans, à Lille.

Le 13, déclaration des puissances alliées, qui met Bonaparte hors la loi des nations.

= La cocarde tricolore est arborée par l'armée.

Le 17, on proclame à Bruxelles, Guillaume, prince d'Orange et Roi des pays-bas.

Le 19, la famille des Bourbons part de Paris.

Le 20, arrivée de Bonaparte, à Paris, à huit heures du soir.

Le 21, arrivée de Murat à Ancone.

Le 22, arrivée de S. M. à Lille.

= Le pape quitte Rome.

Le 23, départ de S. M. pour Gand.

Le 24, les communications entre la France, la Belgique et l'Allemagne sont interrompues.

Le 10 avril, décret qui organise 2,255,400 gardes nationaux.

Lo 13, déclaration de guerre de l'Autriche contre Murat.

Le 16, le duc d'Angoulême s'embarque à Cette,

Le 18, la marseillaise est chantée à Paris, sur tous les théâtres.

Le 22, décret sur l'organisation des corps francs

Le 2 mai, l'Espagne déclare la guerre à Bonaparte.

Le 3, onze villes du département du Nord sont mises en état de siège.

Le 4, grands avantages de l'armée autrichienne contre Murat.

Désarmement de 15 vaisseaux de ligne qui donnent 1500 pièces de canon pour les fortifications de Paris.

Le 20, Murat abandonne Naples.

Le 1 juin, ouverture du champ de mai.

Le 5, entrée du Roi Ferdinand IV, à Naples.

Le 9, clôture du congrès de Vienne.

Le 18, bataille de la Belle-Alliance, perdue par Bonaparte.

Le 8 juillet, rentrée de Louis XVIII à Paris.

Le 7, séance royale à la chambre des Députés des départemens, pour l'ouverture de la session de 1815. Dans le discours du Roi, à cette séance mémorable, on a remarqué cette phrase qui est bien l'expression des sentimens d'un monarque chéri : « Les maux qu'une usurpation é-» phémère a causés à notre patrie, m'affligent pro-» fondément : cependant je dois déclarer ici que, » s'il eût été possible qu'ils n'atteignissent que » moi, j'en bénirais la providence. »

Le 30 novembre, traité de paix entre la France et les puissances alliées.

1816. Le 21 mars, funérailles de Mgr. le duc d'Enghien, dont les restes précieux avaient été exhumés des fossés du château de Vincennes.

Le 8 mai, abolition du divorce en France.

Le 30, arrivée à Marseille de S. A. R. la princesse Marie-Caroline, duchesse de Berry.

Le 12 juin, mort du maréchal Augereau, duc de Castiglione.

17, mariage de Mgr. le duc de Berry, à l'église N. D. de Paris.

Le 17 juillet, une flotte sort des ports de l'Angleterre pour aller punir les pirates Algériens.

1817. Le 13 février, notification du départ de France, de 30,000 hommes de l'armée d'occupation alliée.

12

Le 13 juillet, madame la duchesse de Berry accouche d'une princesse nommée Louise-Isabelle, mademoiselle.

Le 15, mort de cette princesse.

1818. Le 5 février, mort du roi de Suède.

Le 10 mars, la loi sur le recrutement de l'armée, est adoptée par la chambre des députés.

Le 11, couronnement de Charles Jean I.er Bernadotte, roi de Suède.

Le 13, mort de monseigneur le prince de Condé, âgé de 83 ans.

Le 25, explosion des moulins de la poudrière de St-Jean d'Angely, on évalue le dommage causé par cet accident à 300,000 fr.

Le 26, les obsèques du prince de Condé sont célébrées à St-Denis.

Le 9 octobre, M. le duc de Richelieu, plénipotentiaire de S. M. le Roi de France, signe avec les plénipotentiaires des cours d'Autriche, d'Angleterre, de Prusse et de Russie, une convention d'après laquelle l'armée d'occupation doit quitter le territoire français avant le 30 novembre.

1820. Le 13 février, Mgr. le duc de Berry est assassiné par Louvel.

7 juin, exécution de Louvel.

29 septembre, naissance du duc de Bordeaux.

1 mai 1821, grande fête en France pour le baptême du duc de Bordeaux, et illumination sans pareille, le même jour, depuis la porte d'Aix jusqu'à la place Castellane, à Marseille.

<div align="center">~~~~~~~~~~~~~~~~</div>

MARSEILLE, chez ROUCHON, Imprimeur du Roi.

GALERIE MILITAIRE,
DÉDIÉE AUX BRAVES,
OU

Souvenir historique de toutes les Batailles livrées par les armées françaises depuis 1792 jusqu'en 1815, rangées avec exactitude sur chacun des jours de l'année, correspondant à l'époque où elles ont été livrées; suivies d'un tableau renfermant les noms des généraux français qui se sont distingués dans ces campagnes mémorables.

Janvier.

Le 1 Janvier, prise de Valence. 1812. Espagne.

le 2, prise de Tortose. 1811. Espagne.

le 3, prise de Breslaw. 1807. Prusse.

le 4, bataille d'Otricoli. 1799. Naples.

le 5, bataille de Turckheim. 1797. Autriche.

le 6, combat de Samanouth. 1799. Egypte.

le 7, prise de Creutsnach. 1794. Autriche.

le 8, prise de Gaëte. 1799. Naples.

le 9, prise d'Amsterdam. 1795. Hollande.

le 10, combat de Wollem. 1807. Prusse.

le 11, prise de Bassano 1801. Autriche.

le 12, prise de Mantoue. 1797. Autriche.

le 13, combat de St. Michel. 1797. Autriche.

le 14, bataille de Rivoli. 1797. Autriche.

Le 15, combat d'Anguiari, 1797. Autriche.

le 16, bataille de la Favorite. 1797. Autriche.

le 17, prise du fort Vauban. 1794. Autriche.

le 18, prise de Gorée. 1804. Angleterre.

le 19, combat de Rio-Major. 1812 Anglet.

le 20, prise de Dordrecht 1794. Hollande.

le 21, prise Gorcum, 1795. Hollande.

le 22, prise de Rotterdam. 1794. Hollande.

le 23, prise de la Haye. 1795. Hollande.

le 24, combat de Carpenedolo. 1797. Autr.

le 25, prise de Naples. 1799. Italie.

le 26, bataille de Siera-Morena. 1810. Esp.

le 27, combat de St-Dizier. 1814. Alliés.

le 28, combat de Dalcala-Réal. 1810. Esp.

le 29, bataille de Brienne. 1814. Alliés.

le 30, prise de Roses. 1795. Espagne.

le 31, combat de Chéca. 1811. Espagne.

Février.

Le 1 Février, prise de Séville. 1810. Espagne.

Le 2, prise du Cap-Français. 1802. colonies.

Le 3, combat de Custadt. 1807. Russie.

le 4, prise de Peniscola. 1812. Espagne.

le 5, combat de Waterdorf. 1807. Russie.

le 6, prise de Capoue. 1806. Italie.

le 7, combat de Hoff. 1807. Russie.

le 8, bataille d'Eylau. 1807. Russie-Prusse.

le 9, combat d'El-Arysch. 1799. Mam.

le 10, combat de Chant-Aubert. 1814. All.

le 11, combat de Montmirail. 1814. All.

le 12, combat de Vauxchamp. 1814. All.

le 13, combat de la Syrène. 1799. Égypt.

le 14, combat naval du c. S. Vinc. 1797. Esp.

le 15, combat de la Narrew. 1807. Russ.

le 16, combat d'Ostrolenka. 1807. Russ.

le 17, combat de Nangis. 1814. Alliés.

le 18, bataille de Montereau. 1814. Alliés.

le 19, bataille de la Gébora. 1811. Esp.

le 20, prise de Groningen. 1795. Angl.

le 21, prise de Sarragosse. 1809. Esp.

le 22, combat des Gonaives. 1802. Noir.

le 23, combat de Madridejos. 1809. Esp.

le 24, prise de Breda. 1793. Hollande.

le 25, comb. nav. de la Semillante. 1813. Ang.

le 26 , prise de Gaza. 1799. Turc.
le 27 , combat de Bar-sur-Aube. 1814. All.
le 28 , combat de Colla-Bassa. 1793. Piém.

Mars.

Le 1 Mars, comb. de Médi Savoro 1793. Aut.
le 2 , combat de S. Michel, 1795. Autriche.
le 3 , combat de Troyes. 1814. Alliés.
le 4 , prise de Gertruitemb. 1793. Hollande.
le 5 , prise de Berne. 1798. Suisse.
le 6 , bataille de Craonne. 1814. Alliés.
le 7 , bataille de Luciey Stei. 1799. Aut.
le 8 , combat d'Etouvelle. 1814. Russie.
le 9 , bataille de Coptos. 1797. Arabes.
le 10 , prise de Florence. 1799. Italie.
le 11 , prise de Badajos. 1811. Esp.
le 12 , combat d'Alexandrie. 1801. Angl.
le 13 , combat de Bellurn. 1797. Autric.
le 14 , combat près Stralsund. 1807. Suède.
le 15 , combat de Schulz. 1799. Aut.
le 16 , bataille de Tagliamento. 1797. Aut.
le 17 , combat de Bingen. 1793. Prusse.
le 18 , prise de Caiffa. 1798. Arabie.
le 19 , combat d'Aboumana. 1798. Arabie.
le 20 , bataille d'Héliapolis. 1800. Turquie.
le 21 , combat naval de la Grange. 1780. Ang.
le 22 , combat de Botzen. 1797. Aut.
le 23 , combat de Corrin. 1800. Turquie.
le 24 , prise de Trieste. 1797. Autriche.
le 25 , comb. de Fére-Champenoise. 1814. All.
le 26 , combat de Bormio. 1799. Aut.
le 27 , combat de Clagenfurth. 1797. Autric.
le 28 , bataille de Medelin. 1809. Angl.
le 29 , bataille d'Oporto. 1809. Portug.
le 30 , bataille de Sédiman. 1798. Egypte.
le 31 , combat de Belbeys. 1800. Turquie.

Avril.

Le 1 , prise de Laybach. 1797. Autriche.

le 2 , combat de Bir-el-Barh. 1799. Egypte.
le 3 , combat de Hun lsmark. 1797. Autriche.
le 4 , combat de Choa ra. 1800. Egypte.
le 5 , combat de Bardis. 1799. Arabes.
le 6 , combat de Valencia. 1813. Espagnols.
le 7 , combat de Monte-Facio. 1800. Autriche.
le 8 , prise d'Oueglia. 1794. Austro-Sardes.
le 9, passage du Mt-St-Bernard. 1800 Autriche.
le 10 , bataille de Toulouse. 1814. Anglais.
le 11, bat. de Montenotte. 1796. Autro-Sardes.
le 12 , prise d'Astorga. 1810. Espagne.
le 13 , combat de Cossaria. 1796. Autriche.
le 14, bataille de Mellissimo. 1796. Autriche.
le 15 , bataille de Dégo. 1796. Autriche.
le 16 , bataille du Mont-Tabor. 1799. Egypte.
le 17 , prise de Sac et Boulac. 1800. Egypte.
le 18 , bataille de Neuwiède. 1797. Autriche.
le 19 , bataille de Tann. 1809 Autriche.
le 20 , bataille d'Abensberg. 1809. Autriche.
le 21., bataille de Mondovi. 1796. Piémontais.
le 22 , bataille d'Eckmul. 1809. Autriche.
le 23 , prise de Ratisbonne. 1809. Autriche.
le 24 , prise de Kelh. 1797. Autriche.
le 25 , prise de Cherasco. 1796. Piémont.
le 26, prise de Coutrai. 1794. Autriche.
le 27 , prise du Caire. 1800. Egypte.
le 28 , combat de Chivasco. 1800. Piémont.
le 29 , bataille de Moescroën. 1794. Autriche.
le 30 , bataille des Alberes. 1794 Espagne.

Mai.

Le 1 , prise de l'Ile d'Elbe. 1800. Angleterre.
le 2 , bataille de Lutzen. 1813. Alliés.
le 3 , bataille d'Engen. 1800. Autriche.
le 4 , prise de Ceret. 1794. Espagne.
le 5 , bataille de Moeskirk. 1800. Autriche.
le 6 , prise d'Astorga. 1810. Espagne.
le 7 , prise de Saorgio. 1794. Piémont.

le 8 , bataille de la Piave. 1809. Autriche.

le 9 , bataille de Biberach. 1800. Autriche.

le 10, bataille du Pont de Lodi. 1796. Autriche.

le 11 , combat de Strub-Pass. 1809. Autriche.

le 12 , combat de Memmingen. 1800. Autriche.

le 13 , combat de Vorgel. 1809. Autriche.

le 14 , prise de Lérida. 1810. Espagne.

le 15, bataille de Weischelmonde. 1807. Russie.

le 16 , prise d'Albuera. 1811. Espagne.

le 17 , prise de Malborghetto. 1809. Autriche.

le 18 , combat de Chatillon. 1800. Autriche.

le 19, bataille de Bassignana. 1800. Autriche.

le 20 , bataille de Bautzen. 1813. Alliés.

le 21 , bataille d'Esling. 1809. Autriche.

le 22, combat naval de Ste-Lucie. 1780. Angle.

le 23 , prise de Dantzig. 1807. Prussiens.

le 24 , combat de Lobbes. 1794. Autriche.

le 25, bat. de Winther-Thur. 1799. Autriche.

le 26 , combat de Coullioure. 1794. Espagne.

le 27 , prise de Dinant. 1794. Autriche.

le 28 , combat du pont du Var. 1800. Autriche.

le 29, prise de Cosseïr. 1799. Egypte.

le 30, combat de Borghetto. 1796. Autriche.

le 31 , bataille du Tésin. 1800. Autriche.

Juin.

Le 1 , combat de Burgos. 1812. Espagne.

le 2 , prise de Milan. 1800. Autriche.

le 3 , prise de Pavie. 1803. Autriche.

le 4, comb. d'Altenkirchen. 1796. Wursbourg.

le 5 , combat de Spen. 1807. Russie.

le 6 , bataille de Dreste. 1813. Alliés.

le 7, bataille de la Jonquières. 1794. Espagne.

le 8 , combat de Bruis. 1793. Piém.

le 9 , bataille d'Arlon. 1793. Autriche.

le 10, bat. de Montebello. 1800. Autriche.

le 11 , bataille de Maubeuge. 1792. Autriche.

le 12, prise de Malte. 1798. Angleterre.
le 13, combat de Hooghlède. 1794. Autriche.
le 14. bataille de Marengo. 1800. Autriche.
le même jour, bat. de Friedland. 1807. Russie.
le 15, combat de Wetzlard. 1794. Autriche.
le 16, bataille de Ligny. 1815. Prusse.
le 17, prise de Krœnisberg. 1807. Prusse.
le 18, combat de Boelhite. 1809. Espagne.
le 19, bataille d'Hochstedt. 1800. Autriche.
le 20, combat de l'Étoile. 1794. Espagne.
le 21, pris du cap St-Domingue. 1793. colonies.
le 22, combat de d'aandaye. 1796. Autriche.
le 23, combat de Quintanilla. 1811. Espagne.
le 24, prise de Kelh. (2) 1796. Autriche.
le 25, combat de Bischossheim. 1796, Autric.
le 26, bataille de Fleurus. 1794. Autriche.
le 27, combat d'Appemvirh. 1796. Autriche.
le 28, prise de Tarragone. 1811. Espagne.
le 29, prise du Fort de Milan. 1796. Autriche.
le 30, combat sur la Sieg. 1796. Autriche.

Juillet.

Le 1, combat de Sambref. 1794. Autriche.
le 2, combat de Knubis. 1796. Autriche.
le 3, prise de Cuenca. 1808. Espagne.
le 4, prise de Tournay. 1794. Autriche.
le 5, combat de la Forêt Noire. 1796. Autriche.
le 6, bataille de Wagram. 1809. Autriche.
le 7, prise d'Isola. 1806. Autriche.
le 8, bataille de Radstadt. 1796. Autriche.
le 9, bataille de Renchen. 1796. Autriche.
le 10, prise de Bruxelles. 1795. Autriche.
le 11, prise de Ciud. Rodrigo. 1810. Espagne.
le 12, combat do Khanoli. 1812, Russie.
le 13, bataille de Chebreisse. 1798. Egypte.
le 14, bataille de Medina. 1808. Espagne.
le 15, prise de Gaëta. 1806. Naples.

le 16, combat de Mas de Serre. 1793. Espagne.
le 17, prise de Bilbao. 1808. Espagne.
le 18, prise de Studgardt. 1796. Autriche.
le 19, prise de Nieuport. 1794. Autriche.
le 20, bataille des Pyramides. 1798. Egypte.
le 21, combat d'Eslingen. 1796. Autriche.
le 22, prise du Caire. 1798. Arabie.
le 23, combat d'Irun. 1793. Espagne.
le 24, bataille d'Alméida. 1799. an. Po.
le 25, bataille d'Aboukir. 1799. Turquie.
le 26, bataille d'Ostrowno. 1812. Russie.
le 27, c. de la ville de Bastan. 1794. Esp.
le 28, bataille de Talaveyra. 1809. Angl.
le 29, combat de Waterden. 1799. Autric.
le 30, combat de Pietri. 1793. Piémont.
le 31, prise de Witepsck. 1812. Russie.

Août.

Le 1, Bataille de Final. 1795. Autriche.
le 2, combat de Calvi. 1794. Anglais.
le 3, prise de Cadsand. 1796. Anglais.
le 4, combat de Lonado. 1796. Anglais.
le 5, bataille de Castiglione. 1796. Autric.
le 6, combat de Peschiera. 1796. Autriche.
le 7, combat d'Aisch. 1796. Autriche.
le 8, prise de Trèves. 1794. Autriche.
le 9, combat de Tolède. 1809. Espagne.
le 10, combat de Nereishem. 1796. Aut.
le 11, combat de Nordlingen. 1793. Autric.
le 12, combat de Terracine. 1798. Italie.
le 13, bataille de Boulon. 1794. Espagne.
le 14, combat d'Altorff. 1799. Autriche.
le 15, combat d'Ala. 1796. Autriche.
le 16, prise du Quesnoy. 1794. Alliés.
le 17, bataille de Smolensk. 1812. Russie.
le 18, combat de Sultzboch. 1796. Alliés.
le 19, bataille du Champ-Sacré. 1812. Rus.

le 20 , bataille de Fontoy. 1792 Autriche.
le 21, prise de Stralsund. 1807. Suède.
le 22, prise de Landau. 1796. Autriche.
le 23, combat de Goldberg. 1813. Alliés.
le 24, bataille de Friedberg. 1796. Autric.
le 25, prise du Fort l'Ecluse. 1794. Alliés.
le 26, bataille de Dresde (2). 1813. Alliés.
le 27, comb. du C. de Tende. 1795. Austro-S.
le 28, prise d'Alméida. 1810. Portugal.
le 29, prise de Condé. 1794. Alliés.
le 30, prise de Liége. 1794. Alliés.
le 31, bataille de Maulde. 1792. Autriche.

Septembre.

Le 1, combat de la Cerise. 1794. Piémont.
le 2, combat de Wurtbourg. 1796. Autr.
le 3, bataille de Roveredo. 1796. Autrich.
le 4, combat de Breuschall. 1796. Autriche.
le 5, prise de Keyserwert. 1794. Hollande.
le 6, combat d'Aspe. 1794. Espagne.
le 7, bataille de la Moskowa. 1812. Russie.
le 8, bataille de Bassano. 1796. Autriche.
le 9, bataille d'Hondscoore. 1793. Autriche.
le 10, 50,000 Fr. pas. le Rhin. 1796. Allem.
le 11, combat de Turcoing. 1793. Alliés.
le 12, combat de Castellaro. 1796. Autric.
le 13, combat de Boulogne. 1801. Anglais.
le 14, prise de Moscou. 1812. Russie.
le 15, bataille de St-George. 1796. Autric.
le 16, combat de Lancosta. 1794. Sardaign.
le 17, prise de bellegarde. 1794. Espagne.
le 18, bat. de la Chartreuse. 1794. Autriche.
le 19, bataille de Berghen. 1799. an. Ru.
le 20, bataille de Valmy. 1792. Autriche.
le 21, combat de Cairo. 1794. Autriche.
le 22, bataille de Diettickon. 1799. Alliés.
le 23, prise de Crevecœur. 1794. Hollande.

le 24, combat de Limath. 1799. Alliés.
le 25, combat d'Elbôdon. 1812. Anglais.
le 26, prise de Zurich. 1799. Russes.
le 27, prise de Nice. 1792. Piémont.
le 28, combat de Mitquamar. 1798. Arabes.
le 29, prise du Fort de Crèveçœur. 1794. Holl.
le 30, prise de Spire. 1792. Aut.

Octobre.

Le 1, combat de Dure. 1792. Autriche.
le 2, prise de Mayence. 1792. Autriche.
le 3, bataille d'Alderhoven. 1794. Autric.
le 4, prise de Worms. 1791. Autric.
le 5, combat de Buchan. 1796. Autriche.
le 6, bataille d'Alkmaer. 1799. an R.
le 7, bataille de Sediman. 1798. Mam.
le 8, combat de Bussingen. 1799. Russie.
le 9, combat de Guntzbourg. 1805. Autric.
le 10, bataille de Vachau. 1813. Alliés.
le 11, combat de Saalfed. 1806. Prussiens.
le 12, bataille d'Elchingen. 1805. Autriche.
le 13, prise de Memmingen. 1805. Autric.
le 14, bataille d'Jéna. 1806. Prusse.
le 15, bataille de Vatigny. 1793. Autriche.
le 16, prise d'Ulm. 1805. Autriche.
le 17, combat de Noidhausen. 1809. Prus.
le 18, bataille de Worms. 1794. Autriche.
le 19, combat de la Gillet. 1793. Autriche.
le 20, combat de Fresno et G. 1810 Esp.
le 21, prise de Francfort. 1792. Alliés.
le 22, 2.ᵉ prise du Caire. 1798. Egypte.
le 23, prise de Coblentz. 1794. Aut.
le 24, combat de Basco. 1799. Autriche.
le 25, bataille de Neuwied. 1796. Aut.
le 26, bataille de Sagonte. 1811. Espagne.
le 27, prise d'Erfurt. 1806. Prusse.
le 28, prise de Berlin. 1806. Prusse.

le 29 , prise de Florence. 1800. Italie.
le 30 , bataille de Hanau. 1813. Alliés.
le 31 , prise de Stettin. 1806. Prusse.

Novembre.

Le 1 , combat de Jabel. 1806. Prusse.
le 2 , prise de Montebello. 1805. Autriche.
le 3 , prise de Scheitz. 1806. Prusse.
le 4 , combat de Burg-eberach. 1800. Aut.
le 5 , prise de Nimègue, 1794. Hollande.
le 6, bataille de Jemmapes. 1792. Autriche.
le 7 , prise d'Inspruck. 1805. Autriche.
le 8 , prise d'Hostalrick. 1809. Espagne.
le 9 , bataille de Limbourg. 1792. Prusse.
le 10 , combat de Bayonne. 1813. Angl.
le 11 , prise de Magdebourg. 1806. Prusse.
le 12 , prise de Charleroy. 1792. Autric.
le 13 , entrée dans Vienne. 1805. Autric.
le 14 , combat d'Oggersheim. 1795. Autric.
le 15 , bataille d'Arcole. 1796. Autriche.
le 16 , combat de Hollabrunn. 1800. Autr.
le 17 , prise de Maline. 1792. Autriche.
le 18 , prise de Brünn. 1805. Autriche.
le 19 , bataille d'Hornbach. 1793. Autrich.
le 20 , bataille de la Mer-Noire. 1794. **Esp.**
le 21 , prise de Hambourg. 1806. Anglais.
le 22 , combat de Castel-Franco. 1805. Aut.
le 23 , bataille de Loano. 1796. Alliés.
le 24 , prise d'Huningue. 1796. Autriche.
le 25 , bataille de la Bérésina. 1812. Rus.
le 26 , prise de Nuremberg. 1806. Autric.
le 27 , prise de Figuières. 1794. Espagne.
le 28 , bataille de Tudela. 1808. Espagne.
le 29 , prise de Salamanque. 1809. Esp.
le 30 , prise de Lisbonne. 1807. Portug.

Décembre.

Le 1 , prise de Glogo. 1806. Russie.
le 2 , bataille d'Austerlitz. 1805. Russie.
le 3 , bataille de Hohenlinden. 1800. Autric.
le 4 , prise de Madrid. 1808. Esp.
le 5 , prise de Sarrebourg. 1792. Autriche.
le 6 , combat de la Vistule. 1806. Prusse.
le 7 , combat d'Otricoli. 1798. Naples.
le 8 , prise d'Aix-la-Chapelle. 1792 Autriche.
le 9 , combat de Calvi. 1798. Naples.
le 10, combat de Bassussary. 1813. Angl. Po.
le 11 , combat de Cantalupo. 1798. Nap.
le 12, combat de Salzbourg. 1800. Pruss.
le 13 , combat de la Saal. 1800. Autriche.
le 14 , prise de l'Inn. 1800. Autric.
le 15 , combat de Nuremberg. 1800. Aut.
le 16 , combat d'Hersdorf. 1800. Autriche.
le 17 , prise d'Aquila. 1798. Naples.
le 18, combat de Tirlemont. 1792. Autr.
le 19 prise de Toulon , 1793. Anglais.
le 20 , combat de Frescoweller. 1793. Pr.
le 21 , combat de Haguenau. 1793. Pr.
le 22 ; combat de Czarnowu. 1806. Russes.
le 23 , combat de Karmidrjen. 1806. Russ.
le 24 , combat de Rursomb. 1806. Russie.
le 25 , combat de Mouzanbano. 1800. Aut.
le 26 , bataille de Pulstuch. 1806. Russie.
le 27 , combat de Soldem. 1806. Prusse.
le 28 , comb. du Fort-S.- André. 1795. Hol.
le 29 , comb. d'Olow. 1806. Rus
le 30 , combat de Grietern. 1806. Russie.
le 31 , comb. de l'Ile de Bommel. 1795. Hol.

NOMS

Des Généraux qui ont contribué aux Victoires mémorables remportées par les Armées françaises, depuis 1792.

Joubert. Friant. Masséna. Augereau.
Moncey. Jourdan. Junot.
Allix. Soult. Oudinot. Ney. Davoust.
Gouvion-St-Cyr. Berthier. Désaix. Kléber.
Hoche. Latour-Maubourg. Molitor.
Grouchy. Lefebvre-Desnouettes. Duroc.
Pérignon. Suchet. Bertrand. Drouot.
Cambronne. Serrurier. Mortier. Lefebvre.
Lecourbe. Kellermann. Lafayette. clausel.
Morland. Marceau. lamarque. Travot.
Decaen. Eblé. Rapp. Colbert. Brune. lasalle.
Pajol. lasnes. Bessières. St-Hilaire.
Macdonald. lallemand. Marmont.
Delaborde. Poniatowski. Teste. Morand.
Dahesme. Guyot. Piré. Dorsenne.
lefol. Drouet. Excelmans. lobau. Custine.
Dampierre. Maison Haxo. Marescot. Bernard.
Devaux. Vignolles. Chastel. Grenier.
Rampon. Belliard. Dejean. Abattucci. Gérard.
Reynier. l'Héritier. Roussel. Rogniat.
Dagomier. Durutte. Jc......
Vichery. Morin.

Vu, permis d'imprimer et ......
Rouen, le 1.er Avril 1819.
Le Conseill. de Préfecture délégué, DE BIEUNIE......

PRIX, 6 SOUS.

(Les Exemplaires ont été déposés conformément aux Lois, et on poursuivra les Contrefacteurs.)

MARSEILLE, chez ROUCHON, Imprimeur du Roi.